25427

JUSTICE ET AMOUR,

PREMIÈRE JUVÉNALE.

SUIVI DE

L'INSULTE AUTRICHIENNE,

CHANT FRANÇAIS;

PAR

E.-L. DELAMOTHE-LANGON,
AUTEUR DE MONSIEUR LE PRÉFET ET DE L'ESPION DE POLICE.

*

.... Ils tomberont ces amaus de la nuit
. . . .
Et la chute est facile à qui marche dans l'ombre.
CASIMIR DELAVIGNE, *Nouv. Mess. Épilogue.*

*

PARIS

MONGIE, BOULEVARD DES ITALIENS, N. 10;
A LA LIBRAIRIE UNIVERSELLE,
RUE VIVIENNE, N° 2;
ET CHEZ TOUS LES MARCHANDS DE NOUVEAUTÉS.

*

1827

JUSTICE ET AMOUR.

❋

PREMIÈRE JUVÉNALE.

Pour paraître incessamment :

Le Cri de détresse jésuitique.
La France en 1909.
L'Espagne et la France.
Macédoine politique et littéraire.
Satires, par le même auteur.

IMPRIMERIE DE J. TASTU,
RUE DE VAUGIRARD, N. 36.

JUSTICE ET AMOUR,

PREMIÈRE JUVÉNALE.

SUIVI DE

L'INSULTE AUTRICHIENNE,

CHANT FRANÇAIS;

PAR

E.-L. DELAMOTHE-LANGON,

AUTEUR DE MONSIEUR LE PRÉFET ET DE L'ESPION DE POLICE.

*
.... Ils tomberont ces amans de la nuit.
. . . .
Et la chute est facile a qui marche dans l'ombre.
CASIMIR DELAVIGNE, *Nouv. Mess. Épilogue.*
*

PARIS

MONGIE, BOULEVARD DES ITALIENS, N. 10;

A LA LIBRAIRIE UNIVERSELLE,

RUE VIVIENNE, N° 2;

ET CHEZ TOUS LES MARCHANDS DE NOUVEAUTÉS.

*

1827

JUSTICE ET AMOUR.

PREMIÈRE JUVÉNALE.

Oui, quand l'Obscurantisme à ce point nous affronte,
Parler est un devoir, se taire est une honte.
Dans la lice nouvelle, ouverte aux combattans,
La sottise et les arts marchent en même temps.
Tels sont les ennemis, se heurtant l'un et l'autre;
Si les arts sont vaincus leur défaite est la nôtre!

Le bel âge de fer recommence pour nous.
De nos prospérités les Vandales jaloux,
Appellent à grands cris ces jours où l'ignorance
De son voile funèbre enveloppait la France,
Ces jours des damps abbés, des moines, des bedeaux,
Et du droit de cuissage et des Us féodaux.
Leur bras infatigable ouvre une vaste tombe,
Où descend le génie offert en hécatombe ;

De notre servitude on règle les apprêts :
Hâtons-nous, l'heure vole et les bâillons sont prêts.

J'ai fait cette nuit même un songe assez bizarre,
Je croyais voir Omar vêtu de la simarre,
Le mortier sur la tête et la torche à la main :
De la Bibliothèque il prenait le chemin.
Tout-à-coup dans les airs, à ma vue alarmée,
Se répandent les flots d'une épaisse fumée,
Et de l'esprit humain les trésors studieux
En tourbillons brûlans s'élèvent jusqu'aux cieux.
Omar bientôt après, suivi des janissaires [1],
De ses doctes plaisirs compagnons nécessaires,
Poursuit sa route, et voit au sein de nos remparts
L'incendie à son gré courant de toutes parts
Saisir et dévorer les presses criminelles,
Complices des auteurs, à leurs devoirs fidèles.
C'en est fait.... Ce grand coup vient de sauver l'État,
Et l'Hôtel-Dieu reçoit Didot et Ladvocat.

Tremblant, saisi d'horreur, en sursaut je m'éveille.
Dans ce même moment grondent à mon oreille
Ces hurlemens affreux et ces grotesques cris
Dont les Stentors publics font retentir Paris,
Lorsqu'ils se sont gorgés de rogomme ou de bière.

[1] Il n'y avait pas de janissaires au temps d'Omar. On nous pardonnera cet anachronisme, nous rêvions lorsque nous l'avons fait.

Est-ce un nouveau bienfait de monsieur de Corbière?

On dit : « C'EST UNE LOI DE JUSTICE ET D'AMOUR. »
Je ne l'attendais pas, mais saluons le jour
Qui nous donne en cadeau, lorsque l'an prend naissance,
Un motif d'allégresse et de reconnaissance.

Or sus, mon vieux portier, allons, apportez-moi
Ce chef-d'œuvre nouveau, cette amoureuse loi....
Un journal!... Je le tiens, je le lis.... ô surprise!
Voilà pourtant l'effet des songes qu'on méprise !
Le mien n'est que trop vrai, je connais à mon tour
Cette bénigne loi de justice et d'amour.
Je n'en saurais douter; rendus à la lumière,
Les morts ont des tombeaux secoué la poussière.
Oui, le barbare Omar chez nous ressuscité,
D'un vaste embrasement menace la cité,
Et frissonnant enfin au nom d'imprimerie,
Va faire de Lutèce une autre Alexandrie.

Voilà donc les destins à la France promis ;
Ce que n'ont point osé tant de rois ennemis,
Un parti sans pudeur osera l'entreprendre !
A quel excès d'opprobre avons-nous pu descendre !
Sommes-nous ces Français, conquérans fortunés,
Par la guerre et les arts à la fois couronnés,
Et qui, dictant des lois à l'Europe alarmée,
Du bruit de leurs travaux lassaient la renommée?

Nous qu'honoraient jadis tant de peuples voisins,
Serons-nous désormais Welches ou Sarrasins?
Verrons-nous des Bonald triompher le système,
Les trésors du savoir livrés à l'anathème,
Tant de gloire s'éteindre, et des censeurs nouveaux
Garrotter la pensée au fond de nos cerveaux?
La Sottise sourit à l'aspect de sa proie ;
Mont-Rouge et Saint-Acheul en trépignent de joie :
Tous leurs noirs bataillons, en bon ordre serrés,
Avec leurs manteaux longs et leurs bonnets carrés,
Portant des vieux Ligueurs la sanglante bannière,
S'avancent deux à deux, la tête haute et fière.

Qu'ont-ils à souhaiter? plus de malins pamphlets,
Plus de journaux contre eux appelant les sifflets !
Ils peuvent librement, sur les places publiques,
Montrer leur teint vermeil, leurs fronts apostoliques,
Ils ne redoutent plus que notre Béranger
De ses vers immortels vienne les fustiger.
Déjà dans son orgueil leur superbe espérance
Enchaîne le génie et dévore la France ;
La terreur les précède, et derrière eux enfin
De noirs Inquisiteurs s'offrent dans le lointain.
Voici venir Guyon!! cachons bien nos Voltaires,
Car du train vigoureux dont marchent les affaires,
Sans être grand sorcier, chacun peut, avec moi,
Prédire les succès des Pères de la Foi.
Rétablis dans leurs droits et dans leurs priviléges,

Nos ateliers pour eux se changent en colléges
Où les petits garçons, en foule ramassés,
Sont, pour la moindre faute, avec plaisir fessés.
Tout Vilain, dans la rue, à chaque Révérence,
Sous peine du bâton tire sa révérence ;
Les ministres soumis se courbent sous leurs lois.
Le grand Torquemada [1], qu'on impose aux Gaulois,
Voit tout, préside à tout ; son zèle purifie
Les théâtres souillés par la philosophie,
Et de la Passion les mystères rimés
Instruisent chaque soir les spectateurs charmés.
Arouet et Molière et l'aîné des Corneilles
Ne scandalisent plus les dévotes oreilles,
Et leurs bustes sacrés, traités en factieux,
Au foyer des Français ne choquent plus les yeux.
A l'Opéra moral, les nymphes réunies,
Sur des airs de Handel chantent les litanies,
Et le parterre même entonne le refrain
Des psaumes de l'Hébreu poëte et souverain.
Partout au fanatisme on dresse des trophées.
Oh ! le bon temps !... Tandis que les dindes truffées,
Et le coq de bruyère et les faisans dorés,
Les ananas confits, les massepains ambrés,
Des apôtres du jour nourrissent l'indigence,

---

[1] Nos lecteurs savent certainement qu'un moine de ce nom fut grand-inquisiteur en Espagne et confesseur du roi ; il réunissait ces deux charges très-agréable.

Par un contraste heureux tout pâles d'abstinence,
Les Auteurs réprouvés, au fond de leur manoir,
S'abreuvent d'une eau claire et mangent un pain noir.

Près du monstre hideux, dont la bouche empestée
Souffla de Ravaillac la fureur détestée,
Il s'en élève un autre, insolent, dédaigneux,
Précédé de soldats, suivi de chiens hargneux;
Il croit à son pouvoir la terre réservée,
Il murmure les mots de VILAINS, de CORVÉE;
Il est bardé de fer, son front est couronné;
Il porte avec orgueil un manteau blasonné.
Il méprise les arts, il rougirait de lire,
Et laisse à de vils serfs le soin honteux d'écrire.
Tour à tour paladin, brigand, séditieux,
Il marchande à prix d'or la clémence des cieux,
Et soumis aux autels que son faste décore,
Il est contre nos Rois prêt à s'armer encore.
Tel s'élève à nos yeux le géant féodal!
Français, souvenons-nous de son règne fatal!
S'il revient, c'en est fait des libertés publiques,
La Charte croulera sous ses mains anarchiques!

« Silence! dira-t-il d'une tonnante voix,
» France, tombe à genoux lorsque tu me revois;
» Et vous qui, chaque jour au gré de votre plume,
» De vos iniquités grossissez le volume,
» Auteurs pernicieux, taisez-vous sans retour,

» Pour vous mettre à couvert il est plus d'une tour.
» Croire nous échapper c'est compter sans son hôte ;
» Ermite[1], à Lamennais viens confesser ta faute.
» De tes tableaux piquans j'aperçois le venin ;
» Arnaud, plus de théâtre, on ne veut là qu'un nain.
» Draparnaud, par exemple, il charme mes oreilles.
» Du vicomte d'Iray j'aime encor les merveilles,
» Ses poëmes sont bons à m'endormir le soir.
» Béranger, près de nous garde-toi de t'asseoir !
» La chanson, dans tes vers, ainsi qu'un trait de flamme,
» En tonnerre vengeur vient descendre en mon ame.
» De ce foudre nouveau je crains les tourbillons,
» Tandis que de Brasier j'adore les flons-flons.
» Pour vous, sieur Delavigne, audacieux poëte,
» On rendra désormais votre muse muette,
» Puisqu'une pension n'a pu la bâillonner !
» Et toi, dont le beau sang ardent à bouillonner
» N'adore que les arts, la gloire et la patrie,
» Chateaubriand, sur toi, d'une coupe flétrie,
» L'Etoile versera ses poisons ténébreux.
» Enfin, disparaissez, écrivains dangereux.
» Quoi ! n'avons-nous pas vu votre élite insolente
» Élever contre nous sa tête turbulente,
» Et dans l'Académie, avec témérité,
» Lacretelle pousser un cri de liberté ?
» A ce cri désastreux, des phalanges impies,

---

[1] Cet ermite de bonne compagnie est l'auteur de Sylla, M. de Jouy.

» Qu'au dire de Lourdoueix,[1] nous croyons assoupies,
» S'éveillent, et bravant le courroux du pouvoir,
» A des honneurs soldés préfèrent leur devoir.
» D'un côté sont tous ceux dont nous payons la gloire,
» De l'autre tous les noms qui vivront dans l'histoire !
» Eux qui n'hésitant point à l'instant du danger,
» Ont quitté le drapeau de notre ami Roger !
» Et nous le souffririons, et nous verrions en France
» Repousser Loyola, les Grands et l'Ignorance !
» Non ! et dût Montlosier, une seconde fois,
» Au Palais, au Sénat, faire entendre sa voix,
» Nous anéantirons, avec l'imprimerie,
» Tout écrit repoussant la vieille barbarie.
» Nous soutiendrons la loi qui cherche à la fonder ;
» Des capucins barbus on va vous inonder ;
» En vain contre eux et nous le peuple se déclare,
» On verra la pensée amenée à la barre.
» La science vous plaît ?.....C'est notre désespoir !
» Vous aimez la clarté ?.... Vous aurez l'éteignoir ! »

Non, non ; n'espérez pas qu'au gré de votre envie,
Par un triple bâillon la pensée asservie,
Expire sous les coups dont on la frappera ;
Vous voulez l'immoler, elle vous survivra :

---

[1] Les auteurs à la pension connaissent M. Lourdoueix. Peut-être qu'il n'en est pas de même du reste de la nation ; c'est lui qui paie les odes, les épitres et les poëmes commandés.

C'est Antée échappant à la vigueur d'Hercule.
Voyez déjà *timbrée* au sceau du ridicule,
Cette loi destinée à nous museler tous,
Des deux Chambres encor soulever le courroux.
Par l'auteur d'*Atala* sa rage est énervée,
Le Goût taille en riant le crayon de Fiévée,
Viennet déjà la plonge en un sale ruisseau [1].
Pour la défendre, en vain Royou prend un ciseau.
Elle tombe, elle meurt ; et la haine publique
A brisé sans retour cette œuvre jésuitique.
Le pacha Bénaben hésite à la vanter,
Et Roger même enfin n'ose la colporter !

Que du moins ce moment nous serve à tous d'exemple,
Les Muses, parmi nous, doivent n'avoir qu'un temple ;
Et vous, qui des beaux-arts généreux nourrissons,
Formez votre génie à leurs doctes leçons,
Abjurant des partis le funeste délire,
Venez vous réunir aux accords de la lyre,
Et laissez la bassesse aux genoux des Marquis,
S'éloigner des talens qu'elle n'a point conquis.
Ces trésors fastueux, qu'elle ose vous promettre,
Elle les abandonne à qui veut se soumettre ;

---

[1] M. Viennet, poëte et vrai citoyen, vient de publier une épître aux *Chiffonniers*, étincelante de verve et de malice ; il médit de la loi d'amour, et comme nous il a tort sans doute.

Au mortel avili qui, lâchement courbé,
La contemple et se tait dans la fange tombé.
Ses faveurs sont la mort ! Ah ! fuyons le rivage
Où sa main fait peser un ignoble esclavage ;
Elle énerve le cœur sous son poids abattu,
Elle flétrit la gloire et souille la vertu.
Laissons aux insensés, de vains honneurs avides,
Le désir d'embrasser des fantômes livides ;
D'un sordide intérêt odieux partisans,
Qu'ils aillent chez les rois ramper en courtisans.
Que d'affronts abreuvés, qu'insultés sans relâche,
Ils souffrent sans rougir comme souffre le lâche.
Ils passeront leurs jours dans un constant effroi ;
Ils craindront les sifflets, la cloche du béfroi,
Le caprice d'un maître et surtout sa colère,
Qui de leurs vils travaux leur jette le salaire.

Hélas ! par des flatteurs ce Maître vénéré
A l'insu de lui-même est souvent égaré ;
Tapi sous un rochet, l'orgueil, père des vices,
Peut lui semer de fleurs le bord des précipices,
Endormir sa justice et livrer le pouvoir
A d'impuissantes mains qui trompent son espoir.
Quelquefois plus heureux, instruit par son génie,
Il fait devant les lois fléchir la tyrannie ;
Du pacte qu'il jura maintient la sainteté,
Et fonde sa grandeur avec la liberté.
Tristes destins des rois ! au jour de leur naissance

Déjà l'Ambitieux les berce et les encense.
Mais ces chefs, sur la terre adorés à genoux,
Sont après leur trépas délaissés comme nous;
Cadavres oubliés au sein de leurs royaumes,
Leur cour en fit des dieux, la mort en fait des hommes.
Aux portes du tombeau le Flatteur arrêté
Se tait lorsqu'il entend tonner la Vérité,
Elle s'éveille alors et d'une voix hardie
Elle accuse une cendre à peine refroidie ;
De son terrible arrêt l'inflexible équité
Poursuit les oppresseurs dans la postérité,
Et du Temps chaque jour la main lente mais sûre,
D'un airain mensonger efface l'imposture.

Et c'est pour ce néant qui doit humilier,
Que sous de tristes lois on consent à plier !
Et c'est là cet attrait dont notre ame frappée,
Dans ses illusions se serait occupée!
Lui faut-il immoler tous les biens précieux
Que le sage reçoit de la bonté des cieux?
Non, et loin du pouvoir, dans nos humbles retraites,
Dédaignant son appel et ses primes secrètes,
Indociles aux vœux de la servilité,
Ne cherchons le bonheur que dans la liberté ;
Non cette liberté qui forge des entraves,
Qui demande à régir un vil peuple d'esclaves,
Qui d'un voile hypocrite entourant ses desseins,
Immole la raison aux légendes des saints,

Bénit des chapelets, des agnus, des rosaires,
Excite la ferveur des Guyons littéraires,
Brûlant, faute de mieux, d'une bigotte main,
Les écrits immortels, flambeaux du genre humain,
Met en oubli l'éclat d'une gloire passée,
Et transforme en forfait toute noble pensée;
Mais cette liberté qui demande des rois
Dont le trône s'élève appuyé sur les lois;
Qui du caprice vain d'une sotte Excellence,
Délivre les beaux-arts condamnés au silence;
Au commerce aux cent bras ouvre l'accès des mers,
Protége l'industrie aux miracles divers,
Et rehausse l'éclat d'une illustre couronne,
Du bonheur des sujets dont elle l'environne.
A son autel céleste où brûle un feu divin,
Allumons des transports qu'on bornerait en vain.
Nobles, mais sans orgueil, fermes sans imprudence,
Songeant que le génie aime l'indépendance,
Repoussons les liens qui nous seraient offerts;
Français, des chaînes d'or sont encore des fers!

L'INSULTE AUTRICHIENNE.

CHANT FRANÇAIS.

Ainsi dans les forêts quand le Chasseur avide
Aperçoit tout-à-coup le Lion en fureur,
Tremblant, il prend la fuite, et sur son front livide
    S'imprime une basse terreur.
Mais si dans les filets, immolé, sans courage,
Le superbe animal meurt avec dignité,
Soudain le vil Chasseur, par un indigne outrage,
    Insulte à tant de majesté.

Dans les jours solennels de nos mille conquêtes,
Quand d'un chef redouté le tonnerre avait lui,
Quarante potentats, conviés à ses fêtes,
    Se tenaient debout devant lui.
Près d'eux, et de l'honneur portant les dignes marques,
Nos Guerriers invaincus s'asseyaient à leur rang ;
Leur main pressait la main des superbes monarques ;
    Ils semblaient tous du même sang !

Les Landgraves germains, les fiers Barons vandales,
De leur jeune écusson vénéraient la splendeur;
Et des honneurs nouveaux, les tiges féodales
  Briguaient l'imposante grandeur.
Proclamés par la foudre au milieu des batailles,
Tous ces noms éclatans avec le fer conquis,
Et gravés par la gloire aux créneaux des murailles,
  Pour elle seule étaient acquis.

Alors, des courtisans inconnus à l'histoire,
L'orgueil, toujours rampant, leur eût-il disputé
Ces titres, juste prix de vingt ans de victoire,
  Et scellés d'immortalité !
Il n'eût osé jamais concevoir tant d'audace.
Devant ces ducs-soldats il se serait courbé,
Et même eût relevé d'un geste plein de grâce
  Le casque de leur front tombé.

Alors tout commençait une nouvelle vie,
Les princes, les États, tout naissait à la fois;
Les trônes, les duchés, prix d'une noble envie,
  Récompensaient de grands exploits.
Et quand des vieux Césars le sceptre séculaire
Fut brisé sans retour par l'Aigle des Français;
L'Autriche qu'épargna cette Aigle en sa colère,
  Dut un empire à ses bienfaits.

Ne lui souvient-il pas que sa jeune couronne
N'est plus le diadème illustré par Othon ?

Et que ce grand éclat dont elle l'environne,
 Hier encore était sans nom?
Tandis qu'un chef heureux, des rois terrible arbitre,
De ses compagnons d'arme ornait ainsi le front,
Au souverain de Vienne il accordait un titre,
 Moins comme honneur que comme affront.

Celui-ci descendait, et par un sort contraire
Nos guerriers s'élevaient égaux aux potentats,
Quand sa couronne d'or ne pouvait le distraire
 De la perte de tant d'États.
Pourquoi dans ce moment, et d'une ame commune,
Acceptait-il un joug qui devait l'avilir?
Pourquoi ne point tenter de vaincre la fortune?...
 Nos foudres le faisaient pâlir!...

Maintenant il s'irrite, il veut en ses caprices
Arracher des lauriers, fruits d'immortels succès,
Et par de vains efforts flétrir de grands services,
 Adorés du peuple français.
Ah! méprisez l'orgueil d'une cour étrangère,
Héritiers d'un héros, défenseurs de nos Rois!
A des cœurs généreux cette offense est légère
 Quand les vertus marquent vos droits.

Votre cause est la nôtre, et l'insulte est commune:
La Patrie indignée un jour la punira.
Tremblez, rois ennemis, que sa gloire importune,
 L'heure fatale sonnera!

Vous entendrez encor s'écrouler sous son glaive
Vos trônes par ses fils ébranlés tant de fois;
Le roc que Briarée avec effort soulève,
    Toujours l'accable de son poids.

D'où vous vient aujourd'hui cette audace imprudente?
La chute d'un seul homme a-t-elle tout changé?
Non, la France est debout, sa main toujours puissante
    Vengera son nom outragé.
Pourquoi lorsque grondaient la guerre et ses tempêtes,
N'osiez-vous d'un héros affronter le courroux?...
Mais non.... glacés d'effroi, vous abaissiez vos têtes
    A la hauteur de ses genoux.

Pour paraître incessamment :

Le Cri de détresse jésuitique.
La France en 1909.
L'Espagne et la France.
Macédoine politique et littéraire.
Satires, par le même auteur.

IMPRIMERIE DE J. TASTU,
rue de vaugirard, n. 36.

www.ingramcontent.com/pod-product-compliance
Lightning Source LLC
Chambersburg PA
CBHW070456080426
42451CB00025B/2760